양육

네비게이토 선교회는
국제적이며 복음적인 기독교 기관이다.
예수 그리스도께서는 자기를 따르는 자들에게
"너희는 가서 모든 족속으로 제자를 삼으라"
(마태복음 28:19)는 지상사명을 주셨다.
네비게이토 선교회는 세계 모든 국가에서
예수 그리스도의 일꾼들을 배가시켜
이 지상사명의 성취를 돕는 것을
근본 목표로 하고 있다.

네비게이토 출판사는
네비게이토 선교회의 문서 선교를 담당하고 있다.
본 출판사에서는 그리스도인의 영적 성장을 돕는
서적과 자료들을 출판하여,
그리스도인의 삶의 기초가 견고한
헌신된 제자로 성장하게 하고,
나아가 성숙한 인격과 지도력을 갖춘
일꾼이 되도록 돕고 있다.

양 육

네비게이토 출판사
TO KNOW CHRIST AND TO MAKE HIM KNOWN

차 례

영적 부모가 됨 ································· 7
양육을 위한 점검 ······························ 25
양육에 관한 성경공부 ························ 31

영적 부모가 됨

 부모는 자녀들이 성장해 가는 모습을 지켜보며 경탄하게 됩니다. 복잡한 성장 과정이 전개되어 가면서 갓난아기는 아이가 되고 아이는 어른이 됩니다.

 영적 부모가 하는 양육도 이와 같습니다. 양육이란 어린 신자를 성장하도록 돕는 일에 하나님께서 당신을 사용하실 때, 그들에게 마음을 두고 돌보는 것입니다.

 당신이 혹 자녀를 두셋 정도 가진 부모라면 모든 자녀가 어떤 면에서는 서로 같다는 사실을 배웠으리라 생각됩니다. 갓난아기일 때는 모두 기저귀와 젖이 필요합니다. 갓난아기는 잠을 많이 자며, 성장해 감에 따라 몸을 움직이며 노는 법을 배우게 됩니다. 첫 아이에게서 이것을 경험하면 둘째 아이 때는 새로운 경험이 아닙니다. 둘째 아이가 기저귀가 축축하거나 배가 고프다고 울 때는 적어도 놀라지는 않습니다.

이것은 각 아이에게 동일하게 적용할 수 있는 자녀 양육법이 있다는 말은 아닙니다. 자녀에 따라 어느 정도의 차이는 있겠지만, 각 아이에게 동일한 방법으로 공통적으로 채워 주어야 하는 기본적인 필요들이 있다는 것은 분명합니다. 그러나 아이는 또한 저마다 독특해서 당신의 개인적이고 개별적인 관심을 요구합니다. 어떤 아이든지 정상적으로 성장하기 위해서는 이것이 있어야만 합니다.

이것처럼, 영적인 양육에 있어서도 같습니다. 그리스도 안에 있는 새로운 신자들 모두에게 필요한 기본적인 일들이 있습니다. 당신은 새 신자가 성경을 꼭 읽어야 하는지 궁금해 할 필요가 없습니다. 또한, 새 신자가 다른 그리스도인들의 도움과 용납을 필요로 하는지, 또는 기도를 해야만 하는지 결정을 내릴 필요도 없습니다. 정말로 성장하려면 누구이든 성경, 도움 및 용납, 기도, 이 모든 것이 다 필요합니다. 그러나 새 신자는 또한 독특한 방법으로 채워져야만 하는 개별적으로 독특한 필요를 가지고 있습니다.

양육이란 새 신자를 위해 이 모든 필요들을 채워 주며, 또한 스스로 자기 필요를 채우는 법을 가르쳐 주는 것을 뜻합니다. 샘 슈메이커가 우리에게 상기시켜 주고 있듯이, 제자란 손으로 다듬어 만들어지는 것이지 대량으로 생산되는 것이 아닙니다.

바울은 부지런하고 효과적으로 양육을 했던 일꾼이었는데, 성경은 그가 수고했던 모습들을 보여 주고 있습니다. 빌립보서에서 바울은, "너희 속에 착한 일을 시작하신 이가 그리스도 예수의 날까지 이루실 줄을 우리가 확신하노라"(1:6)고 했습니다. 바울은 양육을 담당하는 주된 일꾼이 바로 하나님이시라는 사실을 알았습니다. 성령께서 한 영혼을 거듭나게 하실 때 그

영혼 속에서 시작하신 그 일을 하나님께서 친히 완성하십니다.

그러나 하나님께서는 이 일에 사람들을 사용하십니다. 바울은 에베소서 4:11-13에서 이 역동적인 과정을 기록하고 있습니다. 하나님께서는 어떤 사람들에게 목사 또는 교사 등 각기 직분을 주시는데, 이들은 이 직분을 사용하여 봉사의 일을 위해 성도들을 온전케 하여, 그들을 그리스도를 닮도록 성장시켜야 합니다. 그러므로 실제로 그리스도인이라면 누구나 양육이라고 부르는 이 과정을 밟아야 합니다. 지도자와 평신도 할 것 없이 모든 교인들은 각기 담당해야 할 역할이 있습니다.

부모가 아이를 격리시켜 키운다는 것은 너무나 어리석은 짓입니다. 이웃, 학교 친구들, 선생님, 그리고 많은 다른 사람들에게 드러나 접하도록 해주지 않으면 틀림없이 그 아이의 성장 과정에는 뭔가가 결여되고 맙니다. 영적인 성장의 경우에도 이와 마찬가지로, 새 신자는 많은 다른 그리스도인들과 접하면서 도움과 자극을 받는 것을 필요로 합니다.

그러나 새 신자는 다른 그리스도인들과의 교제와 더불어 또한 개인적인 일대일의 관심이 필요합니다. 그는 어느 누군가로부터 도움을 받아야 합니다. 양육의 핵심은 바로 이 한 사람을 대상으로 하여 일하는 한 사람입니다.

바울은 골로새인들에게 그의 목표는 그리스도 안에서 완전히 성숙한 그리스도인이 되도록 신자들을 도와주는 것이라고 말했습니다. "…각 사람을 그리스도 안에서 완전한 자로 세우려 함이니, 이를 위하여 나도 내 속에서 능력으로 역사하시는 이의 역사를 따라 힘을 다하여 수고하노라"(골로새서 1:28-29). 바울은 하나님께서 주신 힘을 어떻게 사용하였습니까? 무엇에다 그의 노력을 쏟았습니까?

바울 자신의 간증에 따르면, 그는 단지 회심자를 얻기 위해서가 아니라, 새로 믿은 사람들을 그리스도 안에서 성숙한 그리스도인이 되도록 도와주기 위해 힘을 다하여 수고했습니다.

바울은 고린도 교인들을 향한 개인적인 관심을 다음과 같이 나타냈습니다. "그리스도 안에서 일만 스승이 있으되 아비는 많지 아니하니, 그리스도 예수 안에서 복음으로써 내가 너희를 낳았음이라"(고린도전서 4: 15). 바울은 그들의 영적인 아버지였습니다.

누가 영적 부모가 되는 이 특권을 소유할 수 있습니까? 당신이 바로 이 특권을 소유할 수 있습니다. 양육은 프로그램에 의해서가 아니라 사람에 의해 성취되는 것입니다. 하나님께서는 우리를 통하여 역사하십니다. E. M. 바운즈가 말한 것처럼, '인간은 하나님의 방법'입니다. 양육에 있어서 우리는 사람들을 영적으로 보다 나은 수준으로 성장시키는 사역에 하나님과 함께 동역하고 있습니다.

당신이 효과적으로 양육하는 일꾼이 되기 위해서 알아야 하거나 준비해야 될 것은 무엇입니까?

출발점은 당신 자신입니다. 당신은 그리스도 안에서 성장하고 있습니까? 당신은 그리스도를 따르고 그 안에서 성숙한 그리스도인이 되기를 바라고 있으며, 이를 위해 당신의 계획을 세우며 활동을 하고 있습니까? 제자를 삼기 위해서는 먼저 자신이 제자가 되어야 한다는 것을 기억하십시오.

본을 보여 주는 사람이 되십시오. 바울은, "내가 그리스도를 본받는 자 된 것같이 너희는 나를 본받는 자 되라"(고린도전서 11:1)고 했습니다. 우리는 우리 주위에 있는 사람들이 그리스도를 더욱 가까이 따르도록 격려하는 삶을 살도록 부르심을 받았습니다. 우리가 현재 돕고 있는 이들 중 어떤 이는 나중에 가서 하나님을 위해서 우리보다 더 많은 것을 성취하는, 귀한 은사를 받은 사람일지도 모릅니다. 그러나 이들의 신앙생활 초기에 우리가 이들에게 본을 보여 주지 않는다면 이들은 결코 앞으로 더 나아갈 수 없을 것입니다. 이들이 승리를 향하여 계속 달려가도록 도우려면 우리 자신이 경주를 하고 있지 않으면 안 됩니다.

양육을 할 때 당신에게 필요한 한 가지 도구는 곧 성경입니다. 성경의 가치를 일찍 체득한 새 신자는 그의 영적 성장의 열쇠를 발견한 셈이 될 것입니다. 바울은 이 사실을 알았습니다. "이러므로 우리가 하나님께 쉬지 않고 감사함은 너희가 우리에게 들은 바 하나님의 말씀을 받을 때에 사람의 말로 아니하고 하나님의 말씀으로 받음이니 진실로 그러하다. 이 말씀이 또한 너희 믿는 자 속에서 역사하느니라"(데살로니가전서 2: 13).

당신이 영적으로 어린 그리스도인들을 성경 말씀으로 가르칠 뿐 아니라, 또한 그들로 하여금 스스로 성경을 꾸준히 파고들도록 가르친다면, 그들의 삶에 당신이 할 수 있는 최대의 기여를 하게 될 것입니다. 그들은 성경을 읽고 연구하여 이해하며, 그것을 암송하고 묵상하여 매일같이 생활 속에 적용하는 법을 배워야만 합니다. 이렇게 함으로써 그들의 중심은 주님께

고정이 될 것입니다. 그리하여 그들은 풍부한 영적 자원의 광맥, 곧 하나님의 약속이 묻혀 있는 곳으로 나아갈 것입니다.

양육은 또한 당신 자신의 전도로부터 시작된다는 것을 아십시오. 당신은 다른 사람이 그리스도께로 인도한 새 신자를 양육하거나, 오랫동안 그리스도인의 삶을 살았지만 이제 그리스도를 더욱 가까이 따르기를 자원하고 소원하는 이들을 양육할 수도 있습니다. 이러한 사람들을 효과적으로 양육하는 것도 물론 필요합니다. 그러나 당신이 개인적으로 누군가-이웃, 직장 동료, 가족-를 그리스도께로 인도한 후 그 사람으로 하여금 새로운 신앙의 기초를 쌓도록 도와줄 때야말로 훨씬 더 큰 기쁨이 있습니다.

그러므로 다른 사람들과 그리스도를 나누고 그들에게 복음을 설명하여 그들이 그리스도께 마음을 열고 회개와 믿음의 기도로 그리스도를 영접하도록 인도하였을 때, 당신의 책임이 거기에서 끝나지 않았다는 것을 기억하기 바랍니다. 그것은 시작에 불과하며 양육으로 이어져야 합니다. 다른 사람을 그리스도께로 이끄는 영적인 전쟁터로 하나님께서 당신을 인도하셨다면, 새로 믿은 이들을 돌보며 성장하도록 돕는 일에서도 당신을 이끌어 주실 것입니다.

양육의 목표는 영적 성숙인데, 이 성숙의 척도는 그리스도를 닮은 정도입니다. 바울은 갈라디아인들에게, "너희 속에 그리스도의 형상이 이루기까지 다시 너희를 위하여 해산하는 수고를 하노니"(갈라디아서 4:19)라고 말했습니다. 에베소서에서는 성숙을 '그리스도의 장성한 분량이 충만한 데까지 이르는 것'(4:13)이라고 표현했습니다. 모든 양육은 믿는 자의 삶 속에 예수님의 형상을 이루는 것이 그 목표가 되어야 합니다.

하나님의 변함없이 확고한 목적은 모든 그리스도인들이 그리스도와 같이 되는 것입니다. 바울은 "하나님이 미리 아신 자들로 또한 그 아들의 형상을 본받게 하기 위하여 미리 정하셨으니"(로마서 8:29)라고 말했습니다.

그러나 그리스도와 같이 된다는 것은 당신이 기독교적이라고 생각하는 어떤 행동 양식을 따르는 것을 의미하지는 않습니다. 그리스도와 같이 된다는 것은 몇몇 성경 구절을 암송하거나 매일 경건의 시간을 갖거나 교회에 출석하는 것을 의미하지도 않습니다. 이러한 것들은 그리스도를 닮아 가는 과정의 일부분은 될 수 있을지 모르나 그 목표는 아닙니다. 그리스도와 같이 되었는지 알 수 있는 실제적인 방법은 일상생활에서 그리스도처럼 사는지 보면 됩니다.

영적으로 성숙한 사람은 어떻게 행동합니까? 부모의 예를 다시 생각해 봅시다. 부모는 아이가 어른이 되어 감에 따라 어떤 생활 철학을 발전시켜 가기를 원할 것입니다. 부모는 자녀가 자신과 타인을 향하여 정확하고 신뢰할 만한 시야를 갖기를 원합니다. 이 시야는 안정감을 줍니다.

부모는 또한 자녀가 명철하고 확신 있게 어려운 상황에서 무엇을 하는 것이 올바른지 지혜롭게 결정하기를 원할 것입니다.

셋째로, 아마 부모는 자녀가 훌륭한 배우자를 선택하여 건전하고 행복한 가정을 꾸미기를 원할 것입니다.

이것들을 영적 양육의 관점에서 생각해 본다면, (1) 신앙의 기초와 삶의 표준으로서 성경에 대한 견고한 믿음과 이해, (2) 선악을 분별하는 지혜, (3) 영적 재생산의 능력, 즉 다른 사람을 그리스도께로 인도해서 믿음 안에서 성장하도록 돕는 법을 아는 것이 될 것입니다.

성경의 위대한 진리를 잘 이해하게 될 때 영적인 안정을 얻을 수 있습니다. 우리는 올바른 교리를 아는 것의 가치를 과소평가해서는 안 됩니다. 그것이 없으면 그리스도인으로서 우리의 신앙은 흔들리게 됩니다.

구원의 확신을 예로 들어 봅시다. 어떤 사람이 오늘은 구원을 받았다는 확신이 있는데 내일은 그런 확신이 없습니다. 그리고 사흘 후에는 아주 확신이 넘치지만 나흘째에는 다시 의심을 한다면, 이 사람은 이 면에서 아직 성숙하지 못한 것입니다. 그는 성경의 약속을 이해하고 믿는 것이 필요합니다.

성경 말씀을 아는 지식에 있어서의 성숙뿐만 아니라 선악의 분별력에 있어서의 성숙도 필요합니다. 이것은 시간과 실천을 요하는 문제입니다. 히브리서 5:14에 보면, 단단한 음식, 즉 하나님의 말씀의 더 깊은 진리는 "장성한 자의 것이니, 저희는 지각을 사용하므로 연단을 받아 선악을 분변하는 자들이니라"고 하였습니다. 성경의 교훈에 일치하는 생활양식을 발전시키고자 할진대 매일의 경험과 노력이 요구되는 것입니다.

'삶 속의 조그만 일들'같이 보이는 것들 속에서 그리스도를 위해 싸우도록 격려함으로써 영적으로 어린 신자들을 도울 수 있습니다. 오늘 이런 작은 문제들을 도와주면 내일은 그들이 더 큰 문제에서도 믿음으로 행하게 될 것입니다.

성숙의 세 번째 특징은 영적 재생산입니다. 요한복음 17장에서 예수님께서는 제자들을 위해 이렇게 기도하셨습니다. "내가 비옵는 것은 이 사람들만 위함이 아니요, 또 저희 말을 인하여 나를 믿는 사람들도 위함이니"(20절). 이 기도에서 보듯이 예수님께서는 다른 사람들도 믿도록 하기 위해 제자들에게 복음을 전파하도록 하셨습니다. 예수님께서는 사도들에게, "너희는 가서 모든 족속으로 제자를 삼으라"(마태복음 28:19)고 명하셨습니다. 제자를 삼는 제자, 이 사람을 통하여 하나님께서는 세상에 자기의 임재를 널리 전파하시려고 계획하셨습니다. 이 일은 그리스도 안에 있는 자기의 믿음을 다른 사람의 삶 속에 재생산할 수 있는 성숙한 그리스도인들을 필요로 합니다.

어떤 사람을 이렇게 영적으로 성숙한 수준까지 다다르게 하는 일은 훌륭한 육신의 부모가 되는 것만큼이나 비싼 대가를 지불하는 일입니다. 양육은 어떤 사람에게 당신의 목숨까지도 내어 줄 수 있어야 하기 때문에 힘든 일입니다. 양육에는 시간과 열정이 필요합니다. 또한, 당신 자신을 개방하여 영적으로 어린 신자가 유심히 볼 수 있도록 해주어야 합니다.

당신이 다른 사람들을 영적으로 돕기 시작하면서 그들과 꽤 오랫동안 지내다 보면 자연히 어떤 위기에 부딪치게 됩니다. 당신의 삶을 그들에게 개방할 때 문득 당신은 그들이 당신의 약점들을 발견했다는 사실을 알아차리게 될지도 모릅니다. 당신 마음에는 두려움이 일어나, 아마, '이젠 개방했던 문을 닫아야만 할까 봐' 하고 생각할지도 모릅니다. 그러나 당신이 그렇게 해 버리면 양육은 끝이 날 것입니다. 당신은 이 영적으로 어린 그리스도인들을 당신의 가정으로, 당신의 삶과 마음속으로 데려와, 한 죄인의 영혼 속에 그리스도께서 살아 계심으로 일어난 놀라운 변화들을 볼 수 있도록 해주어야 합니다.

그들과 함께 다니고, 그들의 말을 듣고, 그들에게 이야기를 하고, 그들과 함께 생각하고, 그들과 함께 기도하십시오. 양육이란 어떤 '것'에 의해서가 아니라 어떤 '사람', 즉 방법이나 체계가 아니라 바로 당신에 의해 이루어지는 것입니다.

물론, 기도는 양육의 열쇠입니다. 효과적인 양육은 정말로 하나님과 성령의 일이며 양육의 진정한 목표가 한 사람의 삶 속에 그리스도의 형상을 이루는 것인 까닭에, 기도는 절대적인 필수 요건입니다. 당신은 하나님의 자녀의 삶 속에서 하나님의 목적들이 성취되도록 돕기 위한 하나님의 도구입니다.

포비스 로빈슨이라는 사람은 케임브리지 대학교에 다니다 21세에 세상을 떠났습니다. 죽기 전 그는 많은 사람들을 그리스도께로 인도하였으며, 열정적인 마음으로 그 사람들을 양육했던 사람입니다. 아래의 글은 그가 그들 중 한 사람에게 쓴 것입니다. 당신이 다른 사람을 양육할 때 로빈슨의 태도를 본받기 바랍니다.

"나는 자네가 역사상 가장 훌륭한 사람 중 하나가 되며, 그리스도를 보며, 그리스도를 다른 사람에게 나타내 주기를 원하네. 이것이 내가 기도해야 할 짐으로 느끼는 것일세.

그 간구가 주님의 마음을 따른 것이기에(로마서 8:28-29) 나는 나의 구한 것을 내게 주실 하나님께 나아가 열정적으로 간구하면 그분이 주실 줄을 확신하네. 나는 자네가 삶에서 성공하거나 세상에서 출세하기를 기도하지 않네.

그러나 나는 그리스도의 형상이 자네 속에 이루어지기를, 자네가 나의 생각에 의해 제시된 형상이 아닌 그리스도의 진정한 형상으로 화하기를 기도하고 간구하며, 자네가 나의 이상이 아니라 하나님의 이상을 실현하기를 기도하고 간구하는 바일세. 나는 자네가 그리스도에 대한 나의 빈약한 생각을 받아들이길 원하지 않네. 나는 하나님께서 그분의 아들을 나와는 별도로 자네에게도 보여 주시기를 원하네.

나는 하나님께서 자네에게, 나도 이제야 겨우 갖기 시작했을 뿐인 그분에 대한 지식을 직접적으로 가르쳐 주시기를 원하네. 때로는 자기중심적인 생각이 끼어들기도 하지만 이것이 내 기도의 주요 흐름을 대변해 준다네. 앞으로도 나는 자네를 위해 계속 이렇게 기도할 생각이네."

양육을 위한 점검

다음 중 당신에게 해당되는 항목을 골라 그 밑에 나열된 질문들을 스스로에게 던져 보십시오.

나는 전에 양육에 대하여 그리 생각해 본 적이 없었지만, 이제 그 중요성을 알았다.

- 나는 내 자신이 그리스도를 따르고 그분 안에서 성장하기를 진실로 바라고 있는가?

- 어떤 성경 구절이 나에게 다른 사람을 영적으로

성장하도록 돕는 일이 중요함을 확신시켜 주는가?

나는 양육의 중요성은 알지만, 내 도움을 필요로 하는 사람을 아무도 접촉하고 있지 않다.

- 내가 참여할 수 있는 전도나 양육 프로그램이 있는가?

- 나는 내가 알고 있는 불신자들에게 복음을 전하고 있는가?

- 내가 복음을 전하여 그리스도인이 된 사람이 있다면, 나는 기꺼이 나의 시간을 할애해서 그가 영적으로 성장할 수 있도록 돕겠는가?

성장을 도와주고 싶은 사람이 있지만, 이 시점에서 무엇을 해야 할지 막연하다.

- 그는 진실로 그리스도 안에 있는 그의 구원을 확신하는가?

- 그는 규칙적으로 성경을 읽고 있는가?

- 나는 그가 성경을 암송하고 묵상하도록 어떻게 도와줄 수 있는가?

- 그는 나의 도움을 받아 그의 믿음을 다른 사람과 나누는 법을 배워 사용할 수 있는가?

- 우리는 함께 기도한 적이 있는가?

- 나는 그의 삶 가운데 있는 죄를 하나님의 능력으

로 극복할 수 있도록 그를 도와줄 수 있는가?

● 나는 그가 하나님의 용서를 이해하도록 가르칠 수 있는가?

● 그는 염려를 야기하는 삶의 여러 영역에서 하나님을 신뢰하고 있는가?

나는 이미 양육을 하고 있다.

● 나는 내가 돕고 있는 사람의 영적 성장의 참된 원천이 하나님이지, 나의 방법이나 충고가 아님을 확신하고 있는가?

● 나뿐 아니라 다른 그리스도인들과의 교제를 통해서 풍성한 유익을 얻도록 그를 격려하고 있는가?

- 나는 그에게 투명한 태도로 대하고 있는가?

- 나는 그가 볼 수 있도록 내 삶을 개방하고 있는가?

양육에 관한 성경공부

 진실로 기초가 잘 다져진 확신들은 오직 한 가지 원천 즉 성경으로부터 나옵니다. 존 스토트는 이렇게 말했습니다. "우리 모두는 우리의 삶을 어떤 기초 위에 세우고 있습니다. 반석 위에 세운 사람은 역경과 심판의 폭풍우에도 그 집이 보존되는데, 이는 바로 그리스도의 가르침을 듣고 실행에 옮기는 사람입니다."

 다음 질문은 영적 양육, 즉 다른 사람이 그리스도인의 삶에서 성장하도록 도와주는 일에 대한 참된 성서적 확신들을 형성하는 데 도움을 줍니다. 생각과 마음을 열어 놓고 성경 구절을 찾아 당신 자신의 말로 답

하십시오. 칸이 모자라면 다른 종이를 사용해도 좋습니다.

무엇을 나눌 것인가?

1. 마태복음 28:18-20에 있는, 예수 그리스도의 지상사명을 읽으십시오. 이 말씀 가운데 영적 양육의 본질을 가장 잘 요약한 문구는 무엇입니까?

2. 당신을 그리스도인의 삶에서 성장하도록 도와준 것으로서, 다른 사람이 당신에게 가르쳐 주거나 전해 준 것들, 혹은 다른 사람이 당신에게 가르쳐 주거나 전해 주었더라면 하고 생각하는 것들 중에서 가장 중요한 것은 무엇이었습니까?

3. 바울과 그의 동역자들은 데살로니가의 성도들에게 복음뿐만 아니라 그들의 목숨까지도 줄 수 있었습니다(데살로니가전서 2:8). 당신이 영적으로 어린 그리스도인들과 나눌 수 있는 가장 중요한 것들은 무엇이라고 생각됩니까?

4. 다음 글을 읽고, 바울이 데살로니가전서 2:10-12에 기록한 내용을 정확히 반영하고 있다고 생각되는 것을 골라 모두 표시를 하십시오.
   ❏ 바울과 그의 동역자들의 삶은 참된 그리스도인의 삶에 대한 훌륭한 모범이었다.

- 바울은 엄하게 다루어야만 할 때는 엄하게 다룰 줄 알았다.
- 데살로니가 성도들을 향한 바울의 태도는, 그들의 삶을 위한 하나님의 궁극 목적을 이해하고 있었다는 데 기인하고 있었다.
- 바울은 데살로니가 성도들이 그의 삶을 지켜보고 있음을 알았다.
- 바울의 양육은 그들에게 너무 강하게 대하기를 원치 않은 게 특징이었다. 그는 멀리서 조용히 데살로니가 성도들의 삶을 지켜보며, 분명히 잘못된 일을 행하는 사람들이 있을 때에만 이야기해 주었다.
- 바울은 그의 말이 너무 종교적으로 들리지 않게 조심하였다.
- 바울은 데살로니가 성도들이 삶의 초점을 하나님께 두도록 도와주려고 힘썼다.

나는 과연 양육을 할 수 있을까?

5. 데살로니가전서 2:3-6을 읽고, 아래 내용 중 바울의 양육의 특징이라 생각되는 것에 표시를 하십시오.

   ☐ 성실
   ☐ 교활
   ☐ 개인적 불안과 의심
   ☐ 분명한 삶의 목적을 가짐
   ☐ 모든 사람을 기쁘게 하는 능력
   ☐ 겉만 번지르르한 인격
   ☐ 하나님께서 함께하심을 늘 기억함

6. 데살로니가 성도들에게 관심을 갖도록 바울에게 동기를 준 것은 무엇입니까? (데살로니가전서 3:5)

7. 새로운 그리스도인들을 영적으로 성숙한 수준에 이르도록 도와주는 효과적인 양육의 책임은 세 가지로 나누어집니다. 다음 각 구절에서 누가 이 책임을 분담하고 있는지 알아보십시오.

베드로전서 5:10

히브리서 10:24-25

디모데전서 4:7

이 세 가지가 데살로니가전서에는 어떻게 나타나 있습니까?

1:4

2:11-12

2:13

데살로니가전서 1:6에서 이 세 가지가 어떻게 함께 역사하게 되는지 주목하기 바랍니다.

양육의 주요 요소

8. 영적으로 어린 그리스도인들을 효과적으로 양육하기 위해서는 세 가지 요소가 필요합니다. 그중 하나가 붙들어 주고 격려하는 것입니다. 이러한

것이 필요한 까닭을 히브리서 3:13에서 찾아보십시오.

9. 효과적인 양육을 위한 두 번째 요소는 성경 말씀을 강조하는 것입니다. 그리스도인은 믿음, 삶의 방식 및 삶의 목표에 대한 근거를 하나님의 말씀에 두어야만 합니다. 디모데후서 3:16-17을 주의 깊게 읽으십시오. 이 구절에 의하면, 성경이 유익을 주지 못하는 삶의 영역이 있다고 생각합니까? 자신의 생각을 말해 보십시오.

데살로니가 성도들은 하나님의 말씀에 어떻게 반응하였습니까? (데살로니가전서 2:13)

무엇을 기도할 것인가?

10. 셋째 요소는 기도, 즉 그리스도 안에서 성장하도록 자신이 도와주고 있는 사람들을 위한 중보 기도입니다. 찰스 스펄전은 다음과 같이 말했습니다.

"중보 기도는 하나님께서 가장 기뻐 받으시는 기도란 사실을 기억할 때, 우리는 격려를 받고 보다 즐거이 중보 기도를 할 수 있을 것입니다. 그리스도께서 하셨던 기도가 바로 이 중보 기도였습니다. 우리의 대제사장께서 지금 금향로에서 피우시는 향 속에 자기 자신을 위한 것은 하나도 없습니다. 확실히 주님의 중보 기도는 모든 기도 중에서 가장 기뻐 받으실 만한 기도였습니다. 그러므로 우리의 기도가 그리스도의 기도를 닮을수록 더욱 흠향할 만한 것이 될 것입니다. 그래서 우리 자신들을 위한 간구는 열납되는 정도라고 할 것 같으면, 다른 사람들을 위한 기도는 그 속에 성령의 열매와 사랑과 믿음과 형제 우애를 포함하므로 예수님의 귀한 공로로 말미암아 우리가 하나님께 드릴 수 있는 가장 향기로운 제물이 될 것입니다."

요한복음 17장을 읽고 아래에 적은 구절들 가운데서 예수님께서 특별히 하신 간구를 기록한 후, 성장하고 있는 어떤 그리스도인을 위하여 기도하는 형식으로 이 간구들을 다시 쓰십시오.
17:11

17:15

17:17

17:20-23

예수님께서는 다음 구절들에서 제자들을 위한 몇 가지 소원을 나타내셨습니다. 이 기도를 당신이 영적으로 돕고 있는 사람을 위한 소원의 형식으로 다시 적어 보십시오.

17:13

17:19

17:24

17:26

11. 바울이 데살로니가 성도들을 위해 기도한 주요 내용은 무엇입니까? (데살로니가전서 1:2-3)

신약성경에 있는, 다른 사람들을 위한 바울의 기도 내용들은 중보 기도를 위한 뛰어난 모델로서 유익합니다. 당신의 중보 기도에 이 내용들을 사용해 보십시오. 에베소서 1:15-19, 3:14-19, 빌립보서 1:3-6, 1:9-11, 골로새서 1:9-12.

예수 그리스도를 따름

12. 마태복음의 다음 구절들을 읽으면서 예수님의 가르침을 살펴보십시오. 그 다음, 각 구절이 주고 있는 의미를 새로운 그리스도인에게 어떻게 설명해 줄 것인가 요약하십시오.
    5:14-16

    9:36-38

11:28-30

16:24-26

20:25-28

22:37-40

26:26-29

28:18-20

＊ 네비게이토 소책자 시리즈 ＊

1. 성경암송을 통하여 주님께로 돌아오다 ·············· 도슨 트로트맨
2. 시대의 요청 ······································· 도슨 트로트맨
3. 재생산을 위한 출생 ································ 도슨 트로트맨
4. 수레바퀴 예화 ·· 네비게이토
5. 일대일 사역 ·· 잭 그리핀

6. 제자의 특징 ··· 론 쎄니
7. 하나님의 뜻을 아는 법 ······························· 러쓰 존스톤
8. 기도의 하루를 보내는 방법 ······························· 론 쎄니
9. 기도 응답을 받는 방법 ······························ 제리 브릿지즈
10. 경건한 여인 ·· 라일라 스팍스

11. 전도를 즐기는 삶 (영문판: A Life That Enjoys Evangelism) ····· 하진승
12. 섬김을 위한 부르심 ······································ 레이 호
13. 정 직 ··· 헬렌 애쉬커
14. 그리스도를 닮아감 ····································· 짐 화이트
15. 최후의 승리를 얻기까지 ······························ 월터 헨릭슨

16. 전도의 열정 ··· 로버트 콜만
17. 영적인 의지력 ······································ 제리 브릿지즈
18. 사고방식의 변화 ···································· 조지 산체스
19. 대인 관계의 성서적 지침 ··························· 조지 산체스
20. 말씀의 손 예화 ·· 네비게이토

21. 열 심 (영문판: ZEAL) ····································· 하진승
22. 원만한 결혼 생활 ······························· 잭 & 캐롤 메이홀
23. 조지 밀러 ··· A. 심즈
24. 말씀 중심의 삶 ··· 하진승
25. 주제별 성경 암송 제1권 ································ 네비게이토

26. 주제별 성경 암송 제2권 ································ 네비게이토
27. 주제별 성경 암송 제3권 ································ 네비게이토
28. 서로 돌아보아 ·· 하진승
29. 양 육 ·· 네비게이토
30. 경건이란 무엇인가 ································· 제리 브릿지즈

31. 권위와 복종 ··· 론 쎄니
32. 고난 중 도우시는 하나님 ··························· 샌디 에드먼슨
33. 기도의 특권을 누리자 ··································· 하진승
34. 은혜로운 말 ··· 캐롤 메이홀
35. 하나님을 의뢰함 ··································· 제리 브릿지즈

36. 친밀한 부부 관계의 원리 ····················· 짐 & 제리 화이트
37. 배우는 자로 살자 (영문판: Live as a Learner) ············· 하진승
38. 합력하여 선을 이루시는 하나님 ····················· 리처드 크렌즈
39. 고난 중의 소망 ······································ 덕 스팍스
40. 청년의 시기를 어떻게 보낼 것인가 (영문판: How to Live Out Our Youth) ··· 하진승

✻ 네비게이토 소책자 시리즈 ✻

41. 약속을 주장하는 삶 ·················· 덕 스팍스
42. 경건의 시간을 갖는 법 ········· 워렌 & 룻 마이어즈
43. 개인의 중요성 ························ 론 쩨니
44. 헌 신 ···························· 로버트 보드만
45. 내가 배운 교훈들 ··············· 오스왈드 샌더스

46. 하나님의 말씀은 ······················· 하진승
47. 현숙한 여인 ························· 신시아 힐드
48. 어떻게 친구를 사귈 것인가 ······· 제리 & 메리 화이트
49. 외로움을 느낄 때 ················ 엘리자베스 엘리엇
50. 하나님께서는 당신의 직업을 귀히 여기신다 ········ 셔먼 & 헨드릭스

51. 자녀의 자부심을 키워 주는 법 ········ 게리 스몰리 & 존 트렌트
52. 직장 생활에서 낙심될 때 ················ 덕 셔먼
53. 스트레스를 다루는 법 ···················· 단 워릭
54. 서로 의견이 엇갈릴 때 ············ 잭 & 캐롤 메이홀
55. 그리스도인의 삶의 올바른 동기 ··············· 하진승

56. 나를 기뻐하시며 사랑하시는 하나님 ········· 룻 마이어즈
57. 제자삼는 삶의 동기력 ··················· 짐 화이트
58. 기도 - 보이지 않는 적과의 싸움 ············ 제리 브릿지즈
59. 효과적인 간증 ·························· 데이브 도슨
60. 감격하며 살아야 할 그리스도인 ··············· 하진승

61. 믿음의 경주 ···························· 잭슨 양
62. 사도 바울의 영적 지도력 ·············· 오스왈드 샌더스
63. CARE (서로 보살피는 부부) ················· 하진승
64. 참 특이한 기도 (PPP: Pretty Peculiar Prayers) ········· 하진승
65. 모세의 순종 ····························· 웡킴톡

66. 상급으로 주신 자녀 ······················· 하진승
67. 하나님께서 쓰시는 사람 ··············· 월터 헨릭슨
68. 기도의 본 ····················· 워렌 & 룻 마이어즈
69. 다윗의 한 가지 소원 ···················· 조이스 터너
70. 생명을 구하는 삶 ················ 피터슨 & 드렐켈드

71. 순종의 축복 ·························· 마르다 대처
72. 참 좋으신 하나님 아버지 ··············· 리로이 아임스
73. 하늘에 보물을 쌓는 삶 ··················· 잭 메이홀
74. 거룩: 하나님께 성별된 삶 ··············· 헬렌 애쉬커
75. 가정의 중요성 (영문판: Importance of Home & Family) ······ 하진승

76. 날마다 제 십자가를 지고 (영문판: Taking Up the Cross Daily) ···· 하진승
77. 제자의 올바른 태도 ······················· 론 쩨니
78. 주님의 부르심을 따라가는 삶 ··············· 하진승
79. 견고하게 평생 지속해야 할 일 ··············· 하진승

양 육

1988년 8월 4일 초판 1쇄 발행
2013년 9월 5일 개정 1쇄 발행
2024년 1월 25일 개정 2쇄 발행

펴낸곳: 네비게이토 출판사 ⓒ
주소: 03784 서울시 서대문구 연희로 16 (창천동)
전화: 02) 334-3305(대표), 334-3037(주문), FAX: 334-3119
홈페이지: http://navpress.co.kr
출판등록: 제10-111호(1973년 3월 12일)
ISBN 978-89-375-0469-3 02230

본 출판사의 서면 허락 없이는 본서의 전부 또는
일부의 무단 복제, 또는 원문에 대한 무단 번역을 금합니다.